VENTI VOLTE...
TORTELLO D'AUTORE

Alessandra Benassi

Youcanprint Self-Publishing

Tradizione Modenese

Tra le tradizioni culinarie della Provincia di Modena, un posto speciale va lasciato al famoso "Tortello al Sapore". Tipico dolce natalizio ed intramontabile. L'impasto morbido ed omogeneo viene preparato almeno una mezz'ora prima della lavorazione di ogni singolo tortello ed impastato rigorosamente a mano. Il tipico ripieno utilizzato nella buona tradizione modenese è una marmellata molto particolare preparata esclusivamente durante il periodo di vendemmia, con mosto e frutta fresca senza aggiunta di zuccheri. Questa tipica marmellata popolare comunemente chiamata "Savor", viene fatta sobbollire per almeno dieci ore consecutive rimestando molto spesso per evitare che la frutta e le loro bucce si attacchino alla pentola e per evitare anche la formazione di grumi, problema molto comune nella preparazione di marmellate. Inoltre, non dimentichiamo, da buoni modenesi, che il "Savor", viene utilizzata anche per altri tipici dolci del luogo, come il famoso "Belson". Con questo libro si vuole ricordare le nostre tradizioni ma anche aprire gli orizzonti a qualcosa di diverso, nuovi prodotti dolci che non dimenticano le proprie origini ma che la fantasia, l'esperienza e la mia passione per la cucina hanno creato.

Sommario

I tortelli classici

Tortelli al Sapore

L'impasto:

1000 gr di farina 00, 330 gr di zucchero

200 gr di burro, 2,5 bustine di lievito per dolci

5 uova grandi

Per il ripieno:

Due vasetti di Marmellata "Sapore", Amaretti

Guarnizioni:

Zucchero a velo

Procedimento:

Amalgamare a mano gli ingredienti per l'impasto fino a quando la pastella risulta essere liscia e omogenea. Se dovesse risultare troppo morbida o appiccicosa, aiutarsi con altra farina. Se invece troppo asciutta, aggiungere un po' di albume d'uovo. Mettere in frigorifero almeno per mezz'ora prima di utilizzarla di nuovo. Nel frattempo tritare grossolanamente degli amaretti e mescolarli assieme al Sapore. Riprendere l'impasto e a piccole dosi stenderlo col matterello su una spianatoia fino a mezzo centimetro di spessore. Mettere mezzo cucchiaio di sapore sull'impasto steso facendone un mucchietto. Richiudere l'impasto sulla marmellata e con un taglia pasta chiudere a mezzaluna. Sigillare bene con le dita. Ed il tortello è fatto. Ora esistono due modi per cuocerlo. Friggerlo, come da tradizione, in abbondante olio di semi da entrambe le parti e poi riporlo su carta assorbente. Oppure cuocerlo in forno su di una placca rivestita di carta da forno, spennellare la loro superficie con albume d'uovo per evitare che crepi la pasta e cuocere a 180 gradi per dieci minuti. Farli raffreddare su di una gratella e poi cospargere con zucchero a velo.

-Tortello fritto al Sapore-

Tortello alla Crema

L'impasto:

1000 gr. farina 00, 330 gr. zucchero

200 gr. burro, 2,5 bustine di lievito per dolci

5 uova grandi

Ripieno:

circa 500 gr di Crema pasticciera soda

Guarnizioni:

Zucchero velo, cacao in polvere

Procedimento:

Amalgamare a mano gli ingredienti per l'impasto fino a quando la pastella risulta essere liscia e omogenea. Se dovesse risultare troppo morbida o appiccicosa aiutarsi con altra farina. Se invece troppo asciutta, aggiungere un po' di albume d'uovo. Mettere in frigorifero almeno per mezz'ora prima di utilizzarla di nuovo. Trascorso tale periodo, riprendere l'impasto e a piccole dosi stenderlo col matterello su una spianatoia fino a mezzo centimetro di spessore. Mettere mezzo cucchiaio di crema pasticciera sull'impasto steso facendone un mucchietto. Richiudere l'impasto sulla crema e con un taglia pasta chiudere a mezzaluna. Sigillare bene con le dita. Ed il tortello è fatto. Ora esistono due modi per cuocerlo. Friggerlo in abbondante olio di semi da entrambe le parti e poi riporlo su carta assorbente. Oppure cuocerlo in forno su di una placca rivestita di carta da forno, spennellare la loro superficie con dell'albume d'uovo per evitare che crepi la pasta e cuocere a 180 gradi per dieci minuti. Farli raffreddare su di una gratella e poi cospargere con zucchero a velo e un po' di cacao in polvere.

-Tortello fritto alla Crema-

Tortello alla Zuppa Inglese

L'impasto:

1000 gr farina 00, 330 gr di zucchero

200 gr burro, 2,5 bustine di lievito per dolci

5 uova grandi

Ripieno:

circa 500 gr. di Crema al Cioccolato soda

Guarnizioni:

Alchermes e zucchero

Procedimento:

Amalgamare a mano gli ingredienti per l'impasto fino a quando la pastella risulta essere liscia e omogenea. Se dovesse risultare troppo morbida o appiccicosa aiutarsi con altra farina. Se invece troppo asciutta, aggiungere un po' di albume d'uovo. Mettere in frigorifero almeno per mezz'ora prima di utilizzarla di nuovo. Trascorso tale periodo si riprende l'impasto e a piccole dosi stenderlo col matterello su una spianatoia fino a mezzo centimetro di spessore. Mettere mezzo cucchiaio di crema sull'impasto steso facendone un mucchietto. Richiudere l'impasto sulla crema e con un taglia pasta chiudere a mezzaluna. Sigillare bene con le dita. Ed il tortello è fatto. Friggere in abbondante olio di semi da entrambe le parti e poi riporlo su carta assorbente. Quando i tortelli saranno freddi, bagnare la loro superficie con dell'Alchermes e cospargere successivamente con dello zucchero.

-Tortello fritto alla Zuppa Inglese-

Gli Insoliti Tortelli

Tortello al Sapore e Limone

L'impasto:

1000 gr farina 00, 330 gr zucchero

200 gr burro, 2,5 bustine di lievito per dolci

5 uova grandi

Ripieno:

Due vasetti di Marmellata al Sapore, Scorza tritata di 1 limone, Amaretti

Guarnizioni:

Mandorle tostate tritate, zucchero a velo

Procedimento:

Amalgamare a mano gli ingredienti per l'impasto fino a quando la pastella risulta essere liscia e omogenea. Se dovesse risultare troppo morbida o appiccicosa aiutarsi con altra farina. Se invece troppo asciutta, aggiungere un po' di albume d'uovo. Mettere in frigorifero almeno per mezz'ora prima di utilizzarla di nuovo. Nel frattempo, aggiungere al Sapore una scorza di limone tritata e gli amaretti tritati grossolanamente. Poi si riprende l'impasto e a piccole dosi lo si stende col matterello su una spianatoia fino a mezzo centimetro di spessore. Mettere mezzo cucchiaio di Sapore sull'impasto steso facendone un mucchietto. Richiudere l'impasto sul Sapore e con un taglia pasta chiudere a mezzaluna. Sigillare bene con le dita. Ed il tortello è fatto. Mettere su una placca da forno rivestita con carta da forno, spennellare con un albume d'uovo la loro superficie per evitare che crepi la pasta e cuocere a 180 gradi per dieci minuti in forno ventilato. Farli raffreddare su di una gratella e poi spennellare di nuovo la superficie con albume d'uovo, mettere altra scorza di limone e infine cospargere con mandorle tostate e tritate grossolanamente. Lasciare asciugare la superficie e poi aggiungere un po' di zucchero a velo come tocco finale.

-Tortello al Sapore e Limone-

Tortello ai Lamponi e Limone

L'impasto:

1000 gr di farina 00, 330 gr di zucchero

200 gr di burro, 2,5 dosi di lievito per dolci

5 uova grandi

Ripieno:

Due vasetti di Marmellata di Lamponi biologica

1 Scorza di limone tritata

Guarnizioni:

riccioli di cioccolato fondente

1 Scorza di limone tritata

Zucchero a velo

Procedimento:

Amalgamare a mano gli ingredienti per l'impasto fino a quando la pastella risulta essere liscia e omogenea. Se dovesse risultare troppo morbida o appiccicosa aiutarsi con altra farina. Se invece troppo asciutta, aggiungere un po' di albume d'uovo. Mettere in frigorifero almeno per mezz'ora prima di utilizzarla di nuovo. Trascorso tale periodo si riprende l'impasto e a piccole dosi stenderlo col matterello su una spianatoia fino a mezzo centimetro di spessore. Mettere mezzo cucchiaio di marmellata sull'impasto steso facendone un mucchietto. Aggiungere un pizzico di scorza di limone. Richiudere l'impasto sulla marmellata e con un taglia pasta chiudere a mezzaluna. Sigillare bene con le dita. Ed il tortello è fatto. Mettere i tortelli così preparati su una placca da forno rivestita di carta da forno, spennellarne la loro superficie con albume d'uovo per evitare che crepi la pasta e cuocere per dieci minuti in forno a 180 gradi. Farli raffreddare su di una gratella poi spennellare di nuovo la loro superficie con albume d'uovo e decorare con qualche pezzetto di scorza di limone e riccioli di cioccolato fondente. Lasciare asciugare la superficie e aggiungere un pochino di zucchero a velo.

-Tortello ai Lamponi e Limone-

Tortelli all'Amarena

L'impasto:

1000 gr di farina 00, 330 gr di zucchero

200 gr di burro, 2,5 bustine di lievito per dolci

5 uova grandi

Ripieno:

Due vasetti di Marmellata di amarene biologica

1/2 Tavoletta di Cioccolato fondente

Guarnizioni:

Codette di cioccolato fondente

Zucchero a velo

Procedimento:

Amalgamare a mano gli ingredienti per l'impasto fino a quando la pastella risulta essere liscia e omogenea. Se dovesse risultare troppo morbida o appiccicosa aiutarsi con altra farina. Se invece troppo asciutta, aggiungere un po' di albume d'uovo. Mettere in frigorifero almeno per mezz'ora prima di utilizzarla di nuovo. Nel frattempo tritare grossolanamente del cioccolato fondente e mescolarlo alla marmellata di amarene. Riprendere l'impasto e a piccole dosi stenderlo col matterello su una spianatoia fino a mezzo centimetro di spessore. Mettere mezzo cucchiaio di marmellata sull'impasto steso facendone un mucchietto. Richiudere l'impasto sulla marmellata e con un taglia pasta chiudere a mezzaluna. Sigillare bene con le dita. Ed il tortello è fatto. Riporre i tortelli così prodotti su di una placca da forno rivestita con carta da forno, spennellare la loro superficie con albume d'uovo e cuocere per otto minuti in forno a 180 gradi. Estrarre dal forno e spennellare sulla punta della loro superficie della marmellata di amarene ed infornare di nuovo per altri tre minuti. Farli raffreddare su di una gratella, poi aggiungere qualche codetta di cioccolato fondente sulla glassa di marmellata cotta posta sulla loro superficie e un po' di zucchero a velo.

-Tortello all'Amarena-

Gli Sfiziosi...

Tortello Delice

L'impasto:

1000 gr farina 00, 330 gr di zucchero

200 gr di burro, 2,5 bustine di lievito per dolci

5 uova grandi

Ripieno:

circa 500 gr. di Crema al cioccolato soda

Guarnizioni:

Topping al cioccolato

Sambuca

Procedimento:

Amalgamare a mano gli ingredienti per l'impasto fino a quando la pastella risulta essere liscia e omogenea. Se dovesse risultare troppo morbida o appiccicosa aiutarsi con altra farina. Se invece troppo asciutta, aggiungere un po' di albume d'uovo. Mettere in frigorifero almeno per mezz'ora prima di utilizzarla di nuovo. Trascorso tale periodo si riprende l'impasto e a piccole dosi stenderlo col matterello su una spianatoia fino a mezzo centimetro di spessore. Mettere mezzo cucchiaio di crema sull'impasto steso facendone un mucchietto. Richiudere l'impasto sulla crema e con un tagliapasta chiudere a mezzaluna. Sigillare bene con le dita. Ed il tortello è fatto. Mettere i tortelli creati su una placca da forno rivestita con carta da forno, spennellare la loro superficie con albume d'uovo per evitare che crepi la pasta e cuocere per dieci minuti in forno a 180 gradi. Nel frattempo in un bicchiere mettere 4 cucchiai di topping al cioccolato e 1 cucchiaio di sambuca. Con un pennello mescolare in modo da rendere il tutto uniforme. Fare raffreddare i tortelli su di una gratella, poi spennellare la loro superficie con la glassa lucida e lasciare asciugare la superficie. Aggiungere per ultimo un pizzico di zucchero a velo.

-Tortello Delice-

Horror Tortello di Halloween

L'impasto:

1000 gr di farina 00, 330 gr di zucchero

200 gr di burro, 2,5 bustine di lievito per dolci

5 uova grandi

Ripieno:

circa 500 gr di Crema al cioccolato soda

Guarnizioni:

mandorle tostate e tritate

Alchermes

Zucchero a velo

Procedimento:

Amalgamare a mano gli ingredienti per l'impasto fino a quando la pastella risulta essere liscia e omogenea. Se dovesse risultare troppo morbida o appiccicosa aiutarsi con altra farina. Se invece troppo asciutta, aggiungere un po' di albume d'uovo. Mettere in frigorifero almeno per mezz'ora prima di utilizzarla di nuovo. Trascorso tale periodo si riprende l'impasto e a piccole dosi stenderlo col matterello su una spianatoia fino a mezzo centimetro di spessore. Mettere mezzo cucchiaio di crema sull'impasto steso facendone un mucchietto. Richiudere l'impasto sulla crema e con un taglia pasta chiudere a mezzaluna. Sigillare bene con le dita. Ed il tortello è fatto. Mettere i tortelli creati su una placca da forno rivestita di carta da forno, spennellare la loro superficie con albume d'uovo per evitare che crepi la pasta e cuocere in forno a 180 gradi per dieci minuti. Farli raffreddare su di una gratella poi spennellare di nuovo la superficie con albume d'uovo, appoggiare sul dorso mezzo cucchiaio di crema al cioccolato e sopra al cioccolato le mandorle. Lasciare asciugare la superficie e poi cospargere con zucchero a velo e con un cucchiaio far scivolare qua e là qualche goccia di Alchermes facendolo colare.

-Horror Tortello-

Tortello Temptation

L'impasto:

1000 gr farina 00, 330 gr di zucchero

200 gr di burro, 2,5 bustine di lievito per dolci

5 uova grandi

Ripieno:

circa 500 gr. di Crema pasticciera soda

Guarnizioni:

Cherry, zucchero a velo

Riccioli di cioccolato fondente

Procedimento:

Amalgamare a mano gli ingredienti per l'impasto fino a quando la pastella risulta essere liscia e omogenea. Se dovesse risultare troppo morbida o appiccicosa aiutarsi con altra farina. Se invece troppo asciutta, aggiungere un po' di albume d'uovo. Mettere in frigorifero almeno per mezz'ora prima di utilizzarla di nuovo. Trascorso tale periodo si riprende l'impasto e a piccole dosi stenderlo col matterello su una spianatoia fino a mezzo centimetro di spessore. Mettere mezzo cucchiaio di crema sull'impasto steso facendone un mucchietto. Richiudere l'impasto sulla crema e con un tagliapasta chiudere a mezzaluna. Sigillare bene con le dita. Ed il tortello è fatto. Mettere i tortelli prodotti su una placca da forno rivestita con carta da forno, spennellare la loro superficie con albume d'uovo per evitare che crepi la pasta e cuocere in forno a 180 gradi per dieci minuti. Farli raffreddare su di una gratella poi spennellare la loro superficie a più riprese con lo Cherry e cospargere con riccioli di cioccolato fondente. Lasciare asciugare la superficie ed aggiungere un pizzico di zucchero a velo.

-Tortello Temptation-

Tortello Ambassador

L'impasto:

1000 gr di farina 00, 330 gr di zucchero

200 gr di burro, 2,5 bustine di lievito per dolci

5 uova grandi

Ripieno:

circa 400 gr. di crema al cioccolato soda, q.b. di peperoncino in polvere

q.b. di nocciole tostate e tritate grossolanamente

Guarnizioni:

Mandorle tostate e tritate, Alchermes, Zucchero a velo

Procedimento:

Amalgamare a mano gli ingredienti per l'impasto fino a quando la pastella risulta essere liscia e omogenea. Se dovesse risultare troppo morbida o appiccicosa aiutarsi con altra farina. Se invece troppo asciutta, aggiungere un po' di albume d'uovo. Mettere in frigorifero almeno per mezz'ora prima di utilizzarla di nuovo. Nel frattempo mescolare la crema al cioccolato con un pochino di peperoncino e qualche cucchiaio di nocciole. Riprendere l'impasto e a piccole dosi stenderlo col matterello su una spianatoia fino a mezzo centimetro di spessore. Mettere mezzo cucchiaio di crema sull'impasto steso facendone un mucchietto. Richiudere l'impasto sulla crema e con un tagliapasta chiudere a mezzaluna. Sigillare bene con le dita. Ed il tortello è fatto. Mettere i tortelli creati su una placca da forno rivestita di carta da forno, spennellare la loro superficie con albume d'uovo per evitare che crepi la pasta e cuocere in forno a 180 gradi per dieci minuti. Farli raffreddare su di una gratella poi spennellare dell'Alchermes sulla loro superficie a più riprese e cospargere con le mandorle. Lasciare asciugare la superficie ed aggiungere un pizzico di zucchero a velo.

-Tortello Ambassador-

Tortello Insolito Gusto

L'impasto:

1000 gr di farina 00, 330 gr di zucchero

200 gr di burro, 2,5 bustine di lievito per dolci

5 uova grandi

Ripieno:

circa 500 gr. di crema al cioccolato soda, q.b. di peperoncino

1 scorza di mandarino tritata

Guarnizioni:

Topping alle fragole, Riccioli di cioccolato bianco,

Zucchero a velo

Procedimento:

Amalgamare a mano gli ingredienti per l'impasto fino a quando la pastella risulta essere liscia e omogenea. Se dovesse risultare troppo morbida o appiccicosa aiutarsi con altra farina. Se invece asciutta, aggiungere un po' di albume d'uovo. Mettere in frigorifero almeno per mezz'ora prima di utilizzarla di nuovo. Nel frattempo mescolare alla crema al cioccolato la scorza di mandarino e un po' di peperoncino. Riprendere l'impasto e a piccole dosi stenderlo col matterello su una spianatoia fino a mezzo centimetro di spessore. Mettere mezzo cucchiaio di crema sull'impasto steso facendone un mucchietto. Richiudere l'impasto sulla crema e con un tagliapasta chiudere a mezzaluna. Sigillare bene con le dita. Ed il tortello è fatto. Mettere i tortelli creati su una placca da forno rivestita con carta da forno, spennellare la loro superficie con un albume d'uovo per evitare che crepi la pasta e cuocere in forno a 180 gradi per dieci minuti. Farli raffreddare su di una gratella poi spennellare di nuovo con albume d'uovo la loro superficie e cospargere con il cioccolato bianco. Lasciare asciugare la superficie ed aggiungere lo zucchero a velo e qualche goccia di topping alla fragola.

-Tortello Insolito Gusto-

Tortello Trentino

L'impasto:

1000 gr di farina 00, 330 zucchero

230 burro, 2,5 bustine di lievito per dolci

40 gr di cacao in polvere

5 uova grandi

Ripieno:

Due vasetti di Marmellata di Castagne

4 cucchiai di Topping al cioccolato, q.b. di Mandorle tostate e tritate

Guarnizioni::

Riccioli di cioccolato bianco

Palline di choco-riso

Procedimento:

Amalgamare a mano gli ingredienti per l'impasto fino a quando la pastella risulta essere liscia e omogenea. Se dovesse risultare troppo morbida o appiccicosa aiutarsi con altra farina. Se invece troppo asciutta, aggiungere un po' di albume d'uovo. Mettere in frigorifero almeno per mezz'ora prima di utilizzarla di nuovo. Nel frattempo mescolare gli ingredienti del ripieno. Riprendere l'impasto e a piccole dosi stenderlo col matterello su una spianatoia fino a mezzo centimetro di spessore. Mettere mezzo cucchiaio di ripieno sull'impasto steso facendone un mucchietto. Richiudere l'impasto sul ripieno e con un tagliapasta chiudere a mezzaluna. Sigillare bene con le mani. Ed il tortello è fatto. Mettere i tortelli creati su una placca da forno rivestita di carta da forno, spennellare la superficie con albume d'uovo per evitare che crepi la pasta e cuocere in forno a 180 gradi per dieci minuti. Farli raffreddare su di una gratella poi spennellare di nuovo la loro superficie con albume d'uovo e cospargere con riccioli di cioccolato bianco e palline di choco-riso.

-Tortello Trentino-

Tortello Habana

L'impasto:

1000 gr farina 00, 330 gr zucchero

230 gr burro, 40 gr cacao in polvere

2,5 bustine di lievito per dolci

5 uova grandi

Ripieno:

350 gr di Crema pasticciera soda, 100 gr di Ananas fresca a pezzetti

2 cucchiai di Rum

Guarnizioni:

Choco-riso, Zucchero a velo

Procedimento:

Amalgamare a mano gli ingredienti per l'impasto fino a quando la pastella risulta essere liscia e omogenea. Se dovesse risultare troppo morbida o appiccicosa aiutarsi con altra farina. Se invece troppo asciutta, aggiungere un po' di albume d'uovo. Mettere in frigorifero almeno per mezz'ora prima di utilizzarla di nuovo. Nel frattempo mescolare gli ingredienti per il ripieno. Riprendere l'impasto e a piccole dosi stenderlo col matterello su una spianatoia fino a mezzo centimetro di spessore. Mettere mezzo cucchiaio di ripieno sull'impasto steso facendone un mucchietto. Richiudere l'impasto sul ripieno e con un tagliapasta chiudere a mezzaluna. Sigillare bene con le mani. Ed il tortello è fatto. Mettere i tortelli creati su una placca da forno rivestita con carta da forno, spennellare la loro superficie con albume d'uovo per evitare che crepi la pasta e cuocere in forno a 180 gradi per dieci minuti. Farli raffreddare su di una gratella poi spennellare di nuovo la loro superficie con albume d'uovo e cospargere con choco-riso. Lasciare asciugare la superficie ed aggiungere zucchero a velo.

-Tortello Habana-

Tortello Vertigo

L'impasto:

1000 gr di farina 00, 330 gr di zucchero

230 gr di burro, 40 gr di cacao in polvere

2,5 bustine di lievito per dolci

5 uova grandi

Ripieno:

2 vasetti di Marmellata di mirtilli neri, q.b. di Amaretti

Guarnizioni:

Riccioli di cioccolato, Zucchero a velo

Procedimento:

Amalgamare a mano gli ingredienti per l'impasto fino a quando la pastella risulta essere liscia e omogenea. Se dovesse risultare troppo morbida o appiccicosa aiutarsi con altra farina. Se invece troppo asciutta, aggiungere un po' di albume d'uovo. Mettere in frigorifero almeno per mezz'ora prima di utilizzarla di nuovo. Amalgamare nel frattempo gli ingredienti del ripieno. Riprendere l'impasto e a piccole dosi stenderlo col matterello su una spianatoia fino a mezzo centimetro di spessore. Mettere mezzo cucchiaio di ripieno sull'impasto steso facendone un mucchietto. Richiudere l'impasto sul ripieno e con un tagliapasta chiudere a mezzaluna. Sigillare bene con le dita. Ed il tortello è fatto. Mettere i tortelli creati su una placca da forno rivestita di carta da forno, spennellare la loro superficie con albume d'uovo per evitare che crepi la pasta e cuocere in forno a 180 gradi per dieci minuti. Farli raffreddare su di una gratella poi spennellare di nuovo la loro superficie con albume d'uovo e cospargere con i riccioli di cioccolato bianco. Lasciare asciugare la superficie ed aggiungere un po' di zucchero a velo.

-Tortello Vertigo-

Tortello Rosa Nera

L'impasto:

1000 gr di farina 00, 330 gr di zucchero

230 gr di burro, 40 gr cacao in polvere

2,5 bustine di lievito per dolci

5 uova grandi

Ripieno:

450 gr di Crema al cioccolato soda, 50-60 gr. di Mandorle tostate tritate

q. b. di Peperoncino

Guarnizioni:

Riccioli di cioccolato bianco, Zucchero a velo, Topping alle fragole

Procedimento:

Amalgamare a mano gli ingredienti per l'impasto fino a quando la pastella risulta essere liscia e omogenea. Se dovesse risultare troppo morbida o appiccicosa aiutarsi con altra farina. Se invece troppo asciutta, aggiungere un po' di albume d'uovo. Mettere in frigorifero almeno per mezz'ora prima di utilizzarla di nuovo. Nel frattempo mescolare gli ingredienti del ripieno. Riprendere l'impasto e a piccole dosi stenderlo col matterello su una spianatoia fino a mezzo centimetro di spessore. Mettere mezzo cucchiaio di ripieno sull'impasto steso facendone un mucchietto. Richiudere l'impasto sul ripieno e con un tagliapasta chiudere a mezzaluna. Sigillare bene con le dita. Ed il tortello è fatto. Mettere i tortelli creati su una placca da forno rivestita di carta da forno, spennellare la loro superficie con albume d'uovo per evitare che crepi la pasta e cuocere in forno a 180 gradi per dieci minuti. Farli raffreddare su di una gratella poi spennellare di nuovo la loro superficie con albume d'uovo e cospargere di riccioli di cioccolato bianco. Lasciare asciugare la superficie ed aggiungere lo zucchero a velo e qualche goccia di topping alle fragole.

-Tortello Rosa Nera-
41

Tortello Montanaro

L'impasto:

1000 gr di farina 00, 330 gr di zucchero

230 gr di burro, 40 gr di cacao in polvere

2,5 bustine di lievito per dolci

5 uova grandi

Ripieno:

2 vasetti di Marmellata di castagne

50 gr. di Crema al cioccolato soda, q.b. di Pinoli, Uvetta e Rosmarino

Guarnizioni:

nocino, cioccolato fondente, nocciole

Procedimento:

Amalgamare a mano gli ingredienti per l'impasto fino a quando la pastella risulta essere liscia e omogenea. Se dovesse risultare troppo morbida o appiccicosa aiutarsi con altra farina. Se invece troppo asciutta, aggiungere un po' di albume d'uovo. Mettere in frigorifero almeno per mezz'ora prima di utilizzarla di nuovo. Nel frattempo amalgamare gli ingredienti per il ripieno. Riprendere l'impasto e a piccole dosi stenderlo col matterello su una spianatoia fino a mezzo centimetro di spessore. Mettere mezzo cucchiaio di crema sull'impasto steso facendone un mucchietto. Richiudere l'impasto sul ripieno e con un tagliapasta chiudere a mezzaluna. Sigillare bene con le dita. Ed il tortello è fatto. Mettere i tortelli creati su una placca da forno rivestita con carta da forno, spennellare la loro superficie con albume d'uovo per evitare che crepi la pasta e cuocere in forno a 180 gradi per dieci minuti. Farli raffreddare su di una gratella poi bagnare la loro superficie con nocino a più riprese, cospargere di cioccolato fondente e qualche nocciola tritata grossolanamente.

-Tortello Montanaro-

Tortello Rio

L'impasto:

1000 gr di farina 00, 330 gr di zucchero

230 gr di burro, 2,5 bustine di lievito per dolci

5 uova grandi

Ripieno:

100 gr di latte condensato, 20 gr di cioccolato fondente, 20 gr. di choco riso

20 gr di cocco tritato, 20 gr. di farina di mandorle, 1 cucchiaio di cachaca

Guarnizioni:

riccioli di cioccolato fondente, cacao in polvere

Procedimento:

Amalgamare a mano gli ingredienti per l'impasto fino a quando la pastella risulta essere liscia e omogenea. Se dovesse risultare troppo morbida o appiccicosa aiutarsi con altra farina. Se invece troppo asciutta, aggiungere un po' di albume d'uovo. Mettere in frigorifero almeno per mezz'ora prima di utilizzarla di nuovo. Nel frattempo amalgamare gli ingredienti per il ripieno. Riprendere l'impasto e a piccole dosi stenderlo col matterello su una spianatoia fino a mezzo centimetro di spessore. Mettere mezzo cucchiaio di ripieno sull'impasto steso facendone un mucchietto. Richiudere l'impasto sul ripieno e con un tagliapasta chiudere a mezzaluna. Sigillare bene con le dita. Ed il tortello è fatto. Mettere i tortelli creati su una placca da forno rivestita con carta da forno, spennellare la loro superficie con albume d'uovo per evitare che crepi la pasta e cuocere in forno a 180 gradi per dieci minuti. Farli raffreddare su di una gratella poi spennellare di nuovo la loro superficie con albume d'uovo e cospargere con riccioli di cioccolato fondente. Lasciare asciugare la superficie ed aggiungere cacao in polvere.

-Tortello Río-

Tortello Montecreto

L'impasto:

1000 gr farina 00, 330 gr di zucchero

230 gr di burro, 2,5 bustine di lievito per dolci

40 gr di cacao in polvere

5 uova grandi

Ripieno:

1,5 vasetti di marmellata di mirtilli biologica,

2 cucchiai di aceto balsamico invecchiato almeno 25 anni,

100 gr di biscotti gran cereale

Guarnizioni:

riccioli di cioccolato fondente, cacao

Procedimento:

Amalgamare a mano gli ingredienti per l'impasto fino a quando la pastella risulta essere liscia e omogenea. Se dovesse risultare troppo morbida o appiccicosa aiutarsi con altra farina. Se invece troppo asciutta, aggiungere un po' di albume d'uovo. Mettere in frigorifero almeno per mezz'ora prima di utilizzarla di nuovo. Nel frattempo amalgamare gli ingredienti per il ripieno. Riprendere l'impasto e a piccole dosi stenderlo col matterello su una spianatoia fino a mezzo centimetro di spessore. Mettere mezzo cucchiaio di ripieno sull'impasto steso facendone un mucchietto. Richiudere l'impasto sul ripieno e con un tagliapasta chiudere a mezzaluna. Sigillare bene con le dita. Ed il tortello è fatto. Mettere i tortelli creati su una placca da forno rivestita di carta da forno, spennellare la loro superficie con albume d'uovo per evitare che crepi la pasta e cuocere in forno a 180 gradi per dieci minuti. Farli raffreddare su di una gratella poi spennellare di nuovo la loro superficie con albume d'uovo e cospargere con il cioccolato fondente. Lasciare asciugare la loro superficie e poi aggiungere il cacao in polvere.

-Tortello Montecreto-

Tortello Vedova Nera

L'impasto:

1000 gr farina 00, 330 gr zucchero

230 gr burro, 2,5 bustine di lievito per dolci

40 gr di cacao in polvere

5 uova grandi

Ripieno:

400 gr di Crema al cioccolato soda, 2 Caffè

Guarnizioni:

Riccioli di cioccolato bianco, caffè

Chicchi di caffè

Procedimento:

Amalgamare a mano gli ingredienti per l'impasto fino a quando la pastella risulta essere liscia e omogenea. Se dovesse risultare troppo morbida o appiccicosa aiutarsi con altra farina. Se invece troppo asciutta, aggiungere un po' di albume d'uovo. Mettere in frigorifero almeno per mezz'ora prima di utilizzarla di nuovo. Nel frattempo mescolare gli ingredienti per il ripieno. Riprendere l'impasto e a piccole dosi stenderlo col matterello su una spianatoia fino a mezzo centimetro di spessore. Mettere mezzo cucchiaio di ripieno sull'impasto steso facendone un mucchietto. Richiudere l'impasto sul ripieno e con un tagliapasta chiudere a mezzaluna. Sigillare bene con le mani. Ed il tortello è fatto. Mettere i tortelli creati su una placca da forno rivestita con carta da forno, spennellare la loro superficie con albume d'uovo per evitare che crepi la pasta e cuocere in forno a 180 gradi per dieci minuti. Metterli su una gratella a raffreddare e poi spennellare di nuovo la loro superficie con caffè a più riprese e cospargere con i riccioli di cioccolato e i chicchi di caffè.

-Tortello Vedova Nera-

Tortello Palemmo

L'impasto:

350 gr di farina 00, 3 cucchiai di zucchero

150 gr di burro, 1 uovo, 2 tuorli

Noce moscata, Cannella in polvere

Pepe in polvere

Ripieno:

250 gr di ricotta, 50 gr di canditi

50 gr di gocce di cioccolato fondente

1 uovo, 120 gr di zucchero

Procedimento:

Amalgamare a mano gli ingredienti per l'impasto fino a quando la pastella risulta essere liscia e omogenea. Se dovesse apparire troppo densa, aggiungere un po' di acqua ghiacciata. Mettere in frigorifero almeno per mezz'ora prima di utilizzarla di nuovo. Nel frattempo preparare il ripieno mettendo nel mixer la ricotta, lo zucchero e l'uovo fino a quando non è cremosa. Poi si aggiunge canditi e cioccolato mescolando con il cucchiaio. Riprendere l'impasto a piccole dosi e stenderlo con matterello su una spianatoia fino a mezzo centimetro di spessore. Mettere mezzo cucchiaio di ripieno sull'impasto steso facendone un mucchietto. Richiudere l'impasto sul ripieno e con un tagliapasta chiudere a mezzaluna. Sigillare bene con le dita. Ed il tortello è fatto. Mettere i tortelli creati su una placca da forno rivestita con carta da forno, spennellare la loro superficie con tuorlo d'uovo diluito in acqua per evitare che crepi la pasta e cuocere in forno a 180 gradi per una mezz'ora. Farli raffreddare su di una gratella poi spennellare di nuovo la loro superficie con albume d'uovo e aggiungere riccioli di cioccolato fondente. Lasciare asciugare la superficie e cospargere con zucchero a velo.

-Tortello Palemmo-

*Voglio ringraziare la mia famiglia che mi ha
sempre appoggiato e mi è sempre stata accanto in
ogni mio passo.*

Titolo | Venti volte...Tortello d'autore
Autore | Alessandra Benassi
Immagine di copertina | a cura dell'autore
ISBN | 978-88-91169-14-3

© Tutti i diritti riservati all'Autore
Nessuna parte di questo libro può essere riprodotta
senza il preventivo assenso dell'Autore.

Youcanprint Self-Publishing
Via Roma, 73 - 73039 Tricase (LE) - Italy
www.youcanprint.it
info@youcanprint.it
Facebook: facebook.com/youcanprint.it
Twitter: twitter.com/youcanprintit

www.ingramcontent.com/pod-product-compliance
Lightning Source LLC
LaVergne TN
LVHW051114180726
843512LV00011B/826